AF305638

12 Mars 1884 V

OBJETS D'ART

et Curiosités diverses

PARMI LESQUELLES

Quatre Statuettes, par J. CHINARD DE LYON

ET AUTRES SCULPTURES

PAR ET D'APRÈS

**Canova, David d'Angers, Clodion, Gillis, Houdon,
Falconnet, et d'après l'antique.**

BEAUX MEUBLES ANCIENS

DES ÉPOQUES RENAISSANCE, LOUIS XIII, LOUIS XIV ET LOUIS XV

Faïences anciennes, Tapisseries, Étoffes

DONT LA VENTE AURA LIEU

HOTEL DROUOT — SALLE N° 3

Le Mercredi 12 mars 1884, à deux heures.

EXPOSITION PUBLIQUE

Le Mardi 11 Mars 1884, de 1 heure à 5 heures.

Me **QUÉVREMONT**, Commissaire-Priseur, 46, rue Richer.
M. **GANDOUIN**, Expert, 42, rue Le Peletier.

LE PRÉSENT CATALOGUE EST VENDU 5 FRANCS

PARIS. — IMPRIMERIE CHAIX, 20, RUE BERGÈRE. — 5314-4.

CONDITIONS DE LA VENTE

Elle sera faite au comptant.

Les acquéreurs payeront CINQ POUR CENT en sus des enchères.

L'ordre numérique du Catalogue ne sera pas suivi.

En cas de contestation sur une enchère, l'objet sera immédiatement remis en vente.

OBJETS D'ART

et Curiosités diverses

PARMI LESQUELLES

Quatre Statuettes, par J. CHINARD DE LYON

ET AUTRES SCULPTURES

PAR ET D'APRÈS

Canova, David d'Angers, Clodion, Gillis, Houdon, Falconnet, et d'après l'antique.

BEAUX MEUBLES ANCIENS

DES ÉPOQUES RENAISSANCE, LOUIS XIII, LOUIS XIV ET LOUIS XV

Faïences anciennes, Tapisseries, Étoffes

DONT LA VENTE AURA LIEU

HOTEL DROUOT — SALLE N° 3

Le Mercredi 12 mars 1884, à deux heures.

EXPOSITION PUBLIQUE

Le Mardi 11 mars 1884, de 1 heure à 5 heures.

M' **QUÉVREMONT**, Commissaire-Priseur, 46, rue Richer.

M. **GANDOUIN**, Expert, 42, rue Le Peletier.

NOTICE HISTORIQUE

CHINARD, Joseph, né à Lyon en 1756, apprit le dessin et la sculpture sous la direction de Blaise, professeur de sculpture de cette ville et membre des Académies de Lyon et Paris. — Chinard remporta le grand prix de sculpture de l'Académie de Saint-Luc à Rome en 1786 et resta en Italie jusqu'en 1791 ; en revenant d'Italie il s'arrêta à Lyon, où il exécuta une Statue colossale de la Liberté pour la fête de la fédération donnée en cette ville, puis il vint à Paris où il fut arrêté et mis en prison où il exécuta diverses terres cuites (dont deux comprises dans la présente vente). Il exécuta quantité de bustes et portraits en marbre et terre cuite des principaux portraits des personnages de son temps ; il fut nommé directeur des Beaux-Arts de Lyon et mourut en 1813.

E. GANDOUIN.

CHINARD (Joseph)

École française 1756-1813.

1 — **Persée délivrant Andromède**.

Groupe terre cuite, signé, daté, Rome 1791.

Le héros est représenté debout, emportant et soutenant du bras droit Andromède évanouie qu'il vient de détacher du rocher où elle était enchaînée, il foule aux pieds le monstre qu'il vient de vaincre.

La signature se lit sur la terrasse près du pied droit du héros.

Œuvre remarquable de ce sculpteur. d'une grande délicatesse d'exécution et d'une distinction parfaite.

Haut. 0ᵐ,46.

CHINARD (Joseph)

École française 1756-1813.

2 — **Socle rond à base carrée**.

Ce socle est entouré d'une frise dont les figures qui l'ornent représentent : un hymen sur l'autel de l'amour ; un génie, une source, la renommée, une nymphe dansant ; et Minerve ; une ceinture ornée de lauriers orne le sommet de cette frise et la partie inférieure est ornée d'une tore de lauriers entourant un boudin.

Haut. 0ᵐ,21, D. 0ᵐ,22.

CHINARD (Joseph)

École française 1756-1813.

3 — **La Liberté**.

Elle est représentée debout, marchant la main gauche élevée et tenant une couronne dont elle charge sa chevelure ; le bras droit le long du corps et la main appuyée sur un bouclier.

Sur le bouclier est représentée une ruche entourée d'abeilles, au-dessus de laquelle est écrit : *la République* ; au sommet du bouclier l'inscription : « *Protège l'innocence, encourage les talents*, sur la surface de la terrasse l'inscription : « *Je désire baiser les fers de celui qui fut persécuté pour moi.* »

Sur la base de la Statuette est écrit : Liberté faite en un jour par un prisonnier.

Haut. 0^m,44.

CHINARD (Joseph)

École française 1756-1813.

4 — La Justice.

(ou l'innocence sous la figure d'une colombe se
réfugiant dans le sein de la justice.)

Elle est représentée debout, le bras gauche
élevé, supportant un bouclier et tenant dans la
main les balances; le bras droit le long du
corps tient un glaive, la pointe dirigée vers la
terre, à ses pieds un serpent, une colombe vole
vers elle.

Près d'elle un fût tronqué sur lequel une
chaîne brisée, ce fût porte l'inscription : « *Es-
perés, innocents,* (sic) et sur la base de ce fut, « *par
un prisonnier,* 25 pluviôse ».

La base porte l'inscription suivante :

« *Je rends à la vertu la première blancheur,*
« *Et imole à ses yeux son farrouche oppresseur.* » (sic).

Hauteur 46 centimètres.

CHINARD (Joseph)

Ecole française 1756-1813.

5 — Cyllare et Hyllonôme.

Groupe terre cuite.

Ce beau groupe, dont le sujet est tiré des métamorphoses d'Ovide, représente Hyllonôme qui, après la défaite des Centaures, et ayant retrouvé le corps de son amant se transperce avec le Javelot qui l'avait tué.

Signé sur la base, *invenit et fecit*, et au côté opposé, inscrit M. David L. 12.

Haut. 36 cent., long. 55 cent.

CHINARD (Joseph)

Ecole française 1756-1813.

6 — Madame de Staël.

Buste terre cuite.

Signé du monogramme, C.

Haut. 60 cent., socle compris.

CANOVA

(D'après Antoine)

École Italienne, 1757-1822.

6 *bis* — La Jeunesse.

(Groupe en marbre de Carrare.)

Un jeune homme debout et nu soutient du bras gauche une jeune femme à demi-nue, qu'il semble protéger.

Très belle reproduction d'après ce célèbre sculpteur.

Haut. 1 m., larg, 45 cent

CHAUDET

Antoine Denis

École française, 1763-1810.

7 — Vénus marine.

Statuette terre cuite.

Haut. 42 cent.

CLODION (Claude-Michel dit)

1740-1814.

8 — La Source.

Bronze, belle reproduction très bien ciselée d'après l'original, conservé au Musée du Louvre.

Haut. 25 cent., long. 41 cent.

CLODION

Attribué à Claude Michel dit

École française 1740-1814

9 — Bacchantes et Satyres.

Bas-relief, forme ovale, terre cuite, avec cadre noir.

COYSEVOX

Attribué à (Charles Antoine)

1640-1720

10 — Flore et Amour.

Groupe en terre cuite, d'une très jolie exécution.

DAVID D'ANGERS

École française.

1 — Philopoemen.

Général des Achéens.

Très belle statuette parfaitement ciselée et d'une très belle patine.

Ce héros est représenté s'arrachant les tronçons du javelot qui lui transperçait la cuisse, pour aller à la tête des Achéens combattre les ennemis qu'il vainquit.

Reproduction du marbre qui vient d'être placé au musée du Louvre ces dernières années.

Bronze.   Haut. 41 cent. sans le socle.

FALCONNET

Étienne Maurice

École française 1716-1791

12 — Enfant ayant les bras élevés.

Bronze de style Louis XVI sur socle **en granit** rose.

FRANÇOIS

Duquesnois, dit François Flamand

xviie siècle

13 — L'Enfant au nid.
L'Oiseau envolé.

Statuettes en terre cuite, dorées.

FRANÇOIS

Duquesnois, dit François Flamand

xviie siècle

14 — Enfant couché sur un coussin.

Terre cuite de l'époque.

GILLIS (L...)

École Française — Valenciennes XVIIIe siècle.

15. — Une fillette assise reçoit en présent un nid d'oiseaux, d'un jeune garçon, lequel à demi-agenouillé près d'elle lui embrasse la main.

Signé L. Gillis 1746.

Haut. 38 cent., long. 31 cent.

GILLIS (L...)

École Française — Valenciennes — XVIIIe siècle.

16 — **Les Consolations.**

Groupe marbre

Une jeune fillette assise sur un tertre pleure son oiseau mort, un jeune garçon agenouillé près d'elle lui prodigue ses consolations et l'embrasse.

Signé L. Gillis 1746.

Haut. 38 cent., long. 31 cent.

HOUDON

(Attribué à Jean Antoine)

École française, 1711-1828.

— **Tête de Jeune Garçon.**

Buste terre cuite.

Hauteur 44 cent. socle compris.

HOUDON

(d'après)

École Française — 1741-1828.

18. — Mme Élisabeth de France.

Buste en biscuit de Sèvres. — Grandeur nature.

HOUDON

École Française — 1741-1828.

19. — Voltaire.

Buste bronze de l'époque Louis XVI. — Grandeur nature.

HOUDON

École Française — 1741-1828.

20. — Rousseau (J.-Jacques.)

Buste bronze de l'époque Louis XVI. — Grandeur nature.

MARIN

Attribué à (Jean-Charles)

École Française 1773-1834.

21 — Buste de jeune femme.

(Tête nue).

Haut 8 cent. 5 mill.

MARIN
Attribué à (Jean-Charles)

École Française 1773-1834.

22 — Tête de jeune femme,

(Coiffée à la Romaine).

Haut 8 cent. 5 mill.

MARIN (Jean-Charles)

École Française 1773-1834.

23 — Bacchante.

Petit buste terre cuite

Haut. 18 cent., 5 mill. socle compris

MARIN (Jean-Charles)

1773-1834.

24. — Jeune femme.

Buste terre cuite quart de nature.

SAUVAGEOT

École Française — IXᵉ siècle.

25. — Jeune femme.

Buste grandeur nature, terre cuite.

26 — Le Rémouleur,

dit l'Arrotino.

Bronze, d'après l'antique, belle œuvre d'art bien ciselée.

Cette belle reproduction est, croyons-nous, due aux frères Keller.

Le marbre antique original est à Florence.

Haut. 70 cent., larg. 35, long. 74.

D'Après l'Antique

27 — Bronze, Jason.

Exécuté par Barbedienne.

Hauteur 67 cent.

École Française — XVIe siècle.

28. — Mercure.

Petit bronze du XVIe siècle sur socle en bronze orné de bas-reliefs.

FAIENCES ANCIENNES

29 — **Rhodes**. — Plat décor très riche de palmettes bleu, rouge et vert.

30 — **Rhodes**. — Plat à décor vert, chargé de réserves, orné de bouquets polychromes.

31 — **Rhodes**. — Plat décor de fleurs et d'œillets rouge, vert et bleu.

32 — **Rhodes**. — Plat décor de zones de différents tons, avec parties réservées sur l'émail stanifère.

33 — **Rouen**. — Seau, très beau décor à lambrequins et guirlandes de fleurs, en bleu.

34 — **Rouen**. — Paire de Seaux, décor de lambrequins et guirlandes de fleurs, bleu et rouge, ces seaux ont la surface côtelée et ornée d'oreillons.

35 — **Moustiers**. — Beau Plat, forme ovale contournée, décor de Berin, d'une très riche ornementation en bleu.

36 — **Castelli**. — Deux Plaques, décor de paysages ornés de grandes figures, polychrome.

37 — **Nevers**. — Très belle Jardinière de forme évasée et à anses formées par des Dauphins, décors de goût chinois en bleu et manganèse.

38 — **Nevers**. — Grand Plat forme ovale, décor en bleu représentant Salomon recevant la Reine de Sabat.

39 — **Nevers**. — Jardinière forme évasée d'époque
Louis XV, à anses torsées, émail
bleu de Perse avec imbrication
blanche savonneuse.

40 — **Nevers**. — Autre de même forme, décor et
qualité, mais plus petite que la
précédente.

41 — **Moustiers**. — Quatre Assiettes, décorées au
centre d'un grotesque dans les
ornements et dont le marli est
chargé d'ornements rocaille en
polychrome.

PORCELAINES ANCIENNES

42 — **Chine** — Deux plats, décor de fleurs en rouge,
vert, bleu et rehauts d'or époque de
Kang-hi.

43 — **Chine** — Vase bonbonne, forme surbaissée en
céladon craquelé et fleuri, décoré de
chevaux de différentes poses et cou-
leurs, époque des Ming.

44 — **Chine** — Très grand Plat de la famille rose dont
le marli très chargé d'ornements
laisse en réserve le fond, sur le centre duquel est un Fong-Hoang, entouré de fleurs.

45 — **Japon** — Très grand Plat orné de modèles et de
plantes, décor bleu.

46 — **Japon** — Deux grands plats décorés de Haies
pagodes, arbres et fleurs, en poly-
chrome, rehauts d'or, très belle qualité.

47 — **Japon** — Deux autres Plats plus petits que les précédents à fonds pleins, laissant les réserves chargées de fleurs décupolychrome, rehauts d'or, très belle qualité.

MEUBLES D'ART

CURIOSITÉS DIVERSES

48 — Belle crédence style Renaissance noyer sculpté, la partie supérieure supportée par des chimères est à deux portes ornées de sphynx et mascarons, la frise sculpée, à rinceaux et ornements.

49 — Très beau meuble style Renaissance à deux corps et à quatre portes, ornées chacune d'un double sujet tiré de l'histoire de la mythologie, le corps supérieur est orné de quatre colonnettes détachées supportant la corniche.

50 — Grande table d'époque Henri II à quatre volets.

51 — Belle chaise longue d'époque Louis XV sculptée d'une riche ornementation et d'une très belle exécution.

52 — Beau fauteuil de l'époque Louis XV, sculpté très richement orné, à pieds cambrés et reliés par un X.

53-54 — Deux Fauteuils d'époque Louis XIV sculptés foncés de canne.

55-56 — Deux autres.

57-58 — Deux Chaises de même époque sculptées et foncées de canne.

59 — Table Louis XIII à balustres.

60 — Grande et belle Bibliothèque en marqueterie
style Boulle, ornée de chutes en bronze
ciselé et doré, masques de satyres.

61 — Bureau d'époque Louis XIV en bois noir et in-
crustations de cuivre.

62 — Grande et belle Glace Louis XV en bois sculpté
et laqué à décor de fleurs sur fond vert ; supportée par une console également en bois
sculpté et laqué.

63 — Autre Glace formant pendant à la précédente.

64 — Charmante Crédence Ducerceau à colonnettes.
Elle est à deux portes sculptées à sujets mytho-
logiques.

65 — Très importante Pendule à accrocher avec son
socle, de l'époque Louis XIV, en marqueterie
de Boulle, cuivre, écaille et étain, ornée de très
beaux et très importants bronzes ciselés et
dorés.
Modèle remarquable.

66 — Paire de Girandoles de style Louis XIV, en bronze
ciselé et doré.

67 — Paire de Flambeaux de même style et travail.

68 — Paire de Candélabres de style Louis XVI en bronze
doré.

69 — Paire de très belles Gaînes en marbre griotte
d'Italie, ornées d'inscrustations en bleu turquoise.

70 — Autre paire de Gaînes en marbres.

71 — · Crédence, style Renaissance, la partie supérieure a
deux portes et tiroirs sculptés à mascarons et ornements, et est ornée de trois colonnettes détachées.

72 — Grande et magnifique Commode style Louis XV
en palissandre, richement ornée de très
beaux bronzes ciselés et dorés.

73 — **Bronze ancien de la Chine.** Vase brûle-
parfums, forme bonbonne surbaissée, décoré de
bas-reliefs ciselés.

74 — Support-Torchère Louis XIV, en bois finement
sculpté, à ornements et intermèdes de guirlandes de fleurs, fond noir et parties dorés.

75 — Deux Reliquaires Louis XIV, bois sculpté d'une
très belle exécution.

76 — Charmant petit Cabinet d'époque Louis XIII en
bois noir. Portes et tiroirs en marqueterie de
bois et d'étain.

77 — Gaine bois sculpté, formée par une cariatide de
femme.

78 — Belle Bergère Louis XVI, richement sculptée et
dorée, couverte en étoffe ancienne.

TAPISSERIES ANCIENNES

79 — Grande et belle Tapisserie Louis XIV à personnages.

80 — Autre Tapisserie de même époque.

81 — Grande Tapisserie verdure.

82 — Deux Portières verdure.

83 — Très beau Tableau (l'Annonciation), nombreuses
figures brodées et peintes sur satin.

PARIS. — IMPRIMERIE CHAIX, 20, RUE BERGÈRE. — 4996-4.

9 782329 541983